José Félix Valdivieso

BESOS
DE OTROS
MUNDOS

ILUSTRACIONES: MIGUEL PANADERO

PRÓLOGO: LUIS ALBERTO DE CUENCA

EDITORIAL CUADERNOS DEL LABERINTO
—ANAQUEL DE POESÍA, nº139—
MADRID • MMXXIV

El papel utilizado para la impresión de este libro, fabricado a partir de madera procedente de bosques y plantaciones sostenibles, es cien por cien libre de cloro y está clasificado como papel reciclado.
Impreso por Copias Centro (Madrid)

Primera edición: Marzo 2024

I.S.B.N: 978-84-18997-61-7
Depósito legal: M-4713-2024-

Impreso en España.

Besarte fue un error,
enamorarme, no.

INDICE

II

III

BESOS DE AMOR

LUIS ALBERTO DE CUENCA
Real Academia de la Historia

Los besos son tal vez los más perfectos y letales artefactos de nuestros amores. Lo tienen todo. Para empezar, una economía de recursos inigualable. Nadie mata tanto con tan poco. Además, juegan al despiste y la contradicción. El mundo está lleno de besos sin amor, al tiempo que los besos son el más incendiario de sus detonantes. Basta con uno de ellos, por bajo que sea su precio, para morir de amor, y, en cambio, cientos y hasta miles de ellos pueden no bastarnos, si hacemos caso a Catulo dirigiéndose a Lesbia en uno de los *carmina* de su cancionero.

El beso, como nuestros demás gestos de afecto, ha cambiado de forma sustantiva. No se besa igual hoy en el cine, ni tampoco en la realidad. De eso, y de otras muchas cosas, trata *Besos de otros mundos*, un poemario que invoca a los dioses olímpicos para restablecer un orden injustamente olvidado. El libro está dividido en cuatro capítulos, a saber, «La leyenda del beso», «La ira de Gea», «La lengua, los bárbaros» y «Apuntes para una sociología del primer beso».

Os invito a pasear por los poemas que siguen y a no pasar por alto el último capítulo, en el que se ha incluido algo inusual en un libro de versos: una encuesta sobre cómo fue el primer beso de doscientas cincuenta personas encuestadas, «sin distinción de género, sexo o raza, y en la que están representados los cinco continentes, con excepción del sexto, la Antártida» (un sitio demasiado frío para iniciarse en la mecánica del beso). La poesía está en la calle, en lo que la gente dice. Y hay ocasiones en que la gente dice cosas muy acertadas. Entre otras, que no hay nada más bonito que un beso.

Como todos, yo he dado besos, los he recibido e incluso me los he imaginado. Como cuando escribí que vendrías, «besándome con labios de fantasma, como Helena besaba desde la corte de Teoclímeno, en Egipto, a su troyano favorito».

Ojalá disfrutéis con estos *Besos* que os trae desde otros mundos José Félix Valdivieso.

Madrid, 16 de enero de 2024

NOTA DEL AUTOR

«Cuando creas que has dicho algo que está bien, José Félix, piensa solo en que todo sospechoso esgrime siempre una coartada. La tuya es lo dicho, lo que has dicho, y que has pensado que está bien» —estas son de esas cosas que me repito, sin saber de dónde vienen, ni por qué lo hacen. No sé si me entiendes, pero solo puedo decir las cosas que digo.

Así que por las mañanas me levanto sospechando que haré algo bien, que diré algo que valga la pena, que no derrocharé el día haciendo algo que no esté bien. Esa es la ilusión, ese es el empeño.

En las páginas que siguen espero haber hecho algo de justicia a ese empeño, a esa ilusión, y también haberlo hecho con la claridad del beso, si es que se puede decir que los besos son claros. Pero la claridad no basta para la defensa de la poesía. No son pocos los que me confiesan que no les gusta.

Es que se me cae el libro de las manos —dicen.

A quemarropa, es difícil contestar, salvo que uno se haga el avispado, y tenga la respuesta siempre preparada, por si las *flais*, como quien tiene Nolotil en casa. Pero claro, no es eso. «Es difícil sacar las noticias de los poemas, sin embargo, los hombres mueren miserablemente todos los días por falta de lo que se encuentra en ellos» —escribió el poeta americano Carlos Williams Carlos.

Es cierto también que uno no se acuerda de las cosas sobre las que hablan los poemas, hasta que le pasa algo. Se muere un familiar, alguien le ha roto el corazón, su salud se ha resquebrajado por alguna razón, o simplemente comienza a darse más cuenta de que el tiempo se va; es entonces, cuando a lo mejor se interesa por saber cómo vivieron otros esas experiencias, que le parecen insoportables. De las casi desaparecidas cartas —dice la poeta, Gloria Fuertes— que son «un motor en la cuesta de la Ausencia». Necesitamos mucho motor, para seguir adelante.

Los libros de poemas se suelen dejar de leer, casi tan rápido, como dejamos de besar.

Hay quien lo atribuye a que la lengua de los poetas es obscura, poco clara, hermética, y que no hay dios que la entienda. Hay quien dice que se deja de besar por las mismas razones. Las lenguas se desentienden, y los besos, entonces, *se* vencen, se *desaclaran*. A toda máquina, comienza a operar el vértigo del beso, ausente en los comienzos. Por si ningún griego lo dijo antes, cosa que sería muy extraña, lo difícil es seguir, seguir lo que sea, besos incluidos, claro está, en búsqueda de una lengua amiga.

Takanenohana[*] (高値の花) es la flor en lo alto de la montaña, inalcanzable, tan inalcanzable, como un fin de-

---

[*]También se usa para describir a personas que se enamoran de imposibles.

seado, o como un poema, ese mensaje en una botella lanzado con la esperanza de que las olas lo lleven a tierra, quizás, «a las escarpadas costas del corazón» —como dijo Celan, y mejoró Diego Valverde Villena (en la itálica).

Todo el mundo sabe que eso es una ilusión. Todo el mundo sabe que no puede alcanzar la flor, ni hacer nada para que llegue la botella, pero todo el mundo también sabe que no puede renunciar a tener una ilusión. Renunciar es la hostia, es *l'ennui*, el aburrimiento más ortopédico y pedante del mundo. Que se nos caiga el libro de poesía es la ilusión, cayendo en forma de libro, cayendo poco, hasta el suelo, pero bastando con eso, para hacernos una idea. En fin, que no quiero más vértigos, pero sí más besos.

Hazme un favor antes de terminar. Mándame una carta, mándame más motor. O si no, tómate una copa conmigo, como analgésico, y dime que Dios está en alguna parte. Si ves que no funciona, me pides otra, para que por lo menos pasemos más rato juntos, y sigamos buscando alguna palabra feliz. Te prometo que no te regalaré un libro de poesía, o sí, por eso de la ilusión de que un día te guste, y si no, pues no pasa nada. Seguiremos hablando, y dándonos noticias, hasta que las palabras se despidan del fuego y la sospecha.

I

La Leyenda del beso
(Y del silencio de los dioses.
El verdadero mito de Babel)

Dicen que Lengua era la más hermosa de las diosas, y que, por el don del habla, tenía cautivos a los dioses, hasta que un día, la mortal soberbia hizo presa de ella, y ofendió a los dioses.

No se le ocurrió más que decir que sin ella, ninguno podría decir nada. Dictaminaron, de inmediato, la más severa de las penas, su muerte en la horca, y que hubiera muchas lenguas, para que la soberbia, no se adueñase de ninguna de ellas.

Por su condición de diosa, en el cadalso, le concedieron un último deseo. Ella, taimadamente, aprovechó esta divina prerrogativa, para dejar su soberbia impronta. Dejó dicho que deseaba que las lenguas se entremezclasen las unas con las otras. De ahí nació el beso, su astuto, soberbio, e imperecedero invento. Los dioses han sido incapaces de castigar su memoria. Y desde entonces —dice la leyenda— que permanecen en silencio, y ni hablan, ni besan.

Es insoportable, su silencio.

Estudio para el beso de una vida

Cuando empiezas a
estar fuera, todavía sin
llegar a apoyar las manos
en la barandilla, algo empieza
a decirte, que las cosas no
están ahí, donde te habían
dicho que estaban.
Comienza entonces una
carrera sin freno, puro
y descontrolado frenesí,
frontera de metas inalcanzables,
hasta tomar conciencia,
de la última e infranqueable.
Es la muerte, la que simple y
llanamente, te ha llamado
a que pases dentro[*].

---

[*] *Cf.* El poema «El beso de una vida», pág. 67.

KPI's

Nuestras letras sueñan conjugar todas las cosas.
Nuestros números, todas las ciencias, en las que
están incluidas también todas las letras.
En nuestra hiriente y desmesurada soledad,
nos creemos señores de letras y de ciencias.
Nada está exento de nuestro deseo de totalidad.
¿Queridos medidores de desempeño, KPI's, cómo
se miden esos besos, que se cuelan entre líneas
y entre letras, cuando son realmente secretos?
Soy todo un sueño desmedido.
¿Qué haréis conmigo, y con los
inconmensurables sueños?

Algo sobre Gilbert, algo sobre Vonnegut...

En la olvidada lengua del corazón, esa en la que
un palimpsesto y es el más erótico de los conceptos, y
en la que un simple verso, todo un tratado sentimental,
se encuentra, si uno quiere, *El largo paseo hasta siempre,*
o cualquier otra historia del corazón, vivida o inventada,
que el tiempo y la traicionera pátina del recuerdo,
disfrazarán,de reina, de rey, de la más erótica de las
ninfas, o gallardo de los mancebos, acariciándose, o ya
simplemente recordando las vergüenzas de la pasión,
como quien va descubriendo cosas antiguas, una bajo la
otra, en pinturas etruscas, o de cualquier otra Colombia.

Ruido

En la media luz del bar,
otros labios besaron tus labios.
Yo juraría, que fue tu voluntad,
resentida por mi presencia, allí mismo,
ausente. Nunca antes me había sentido
tan vano, tan ensordecido.

Pero la culpa es mía por entender,
tarde, cómo funciona esta estafa,
del corazón —de la vida.
Desde entonces, te amo en silencio,
en este mundo legendario,
de sandio ruido.

$ 1

En Las Vegas,
en aquel templo
de neón, del tacón
de tu zapato,
te sacaste un dólar,
para que apostara,
a Dios sabe qué.

Las máquinas timbraron,
sin premio, lo que Dios sabía:
que la apuesta equivalía tan
solo al cumplimiento de un
deseo oculto. Así que,
nos regaló aquel beso,
que llamamos de neón.

Con el dólar perdí el dinero,
con el beso perdí el corazón,
pero es que ya lo advirtieron:
no se juega a las damas
en Las Vegas, aunque no
apuestes más que un mísero
dólar, a la misericordia de Dios.

La fiesta

Los versos tienen los pies descalzos.
Los besos, las lenguas desnudas.
Los unos, componen el poema.
Los otros, imaginan el amor.
A veces, se reúnen,
y eso,
versos y besos,
es la fiesta.

Feliz dolor

A Maricarmen
Herrero de Egaña

Una vez me enamoré
de un erizo,
que me besó rápido,
y huyó tímido,
pidiendo perdón.
Sus besos eran como
las espinas en su lomo.
Dolían tanto como le
hacían bien, y desde entonces,
he estado en busca de una
suerte de feliz dolor.

Lección de economía

                                        inflación!!!
                                                de
El   riesgos
  beso   más
    es   corre
      el   que
        más   el
          económico   y
                de   amor
                  los   de
                gestos

Do not disturb

Nada
más
silencioso
que
un
beso.
Bésense, por favor.

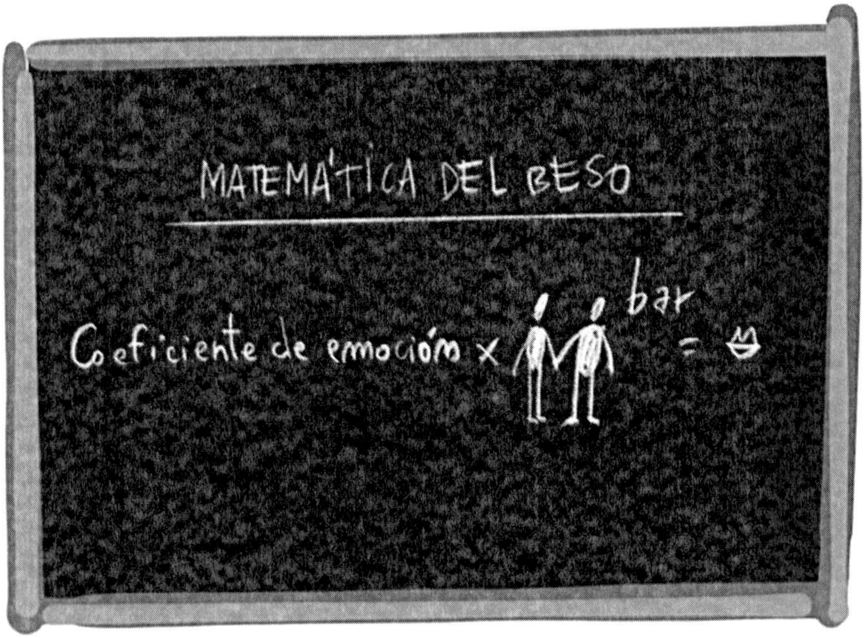
MATEMÁTICA DEL BESO
Coeficiente de emoción x
bar
=

Operación matemática

Es una operación matemática,
sin lógica,
sin prisa,
sin equivalencia.

Es tan solo un resultado,
una emoción comprimida,
la suma de tu cuerpo,
un beso.

El *business* del beso

En este *business*,
no se puede tener
un ser previo.
Los besos son
sin razón
sin ayer
sin residuos.

El beso solo
entiende de novedades.
Lo demás es historia,
metáfora
de la muerte,
vano pasado,
de un aún más vano futuro.

Es un *business* despiadado,
este *business del beso amado.*

El secreto del misterio

Su
  beso
      fue
        secreto

              Su
                amor
                    un
                        misterio

I I

La ira de Gea

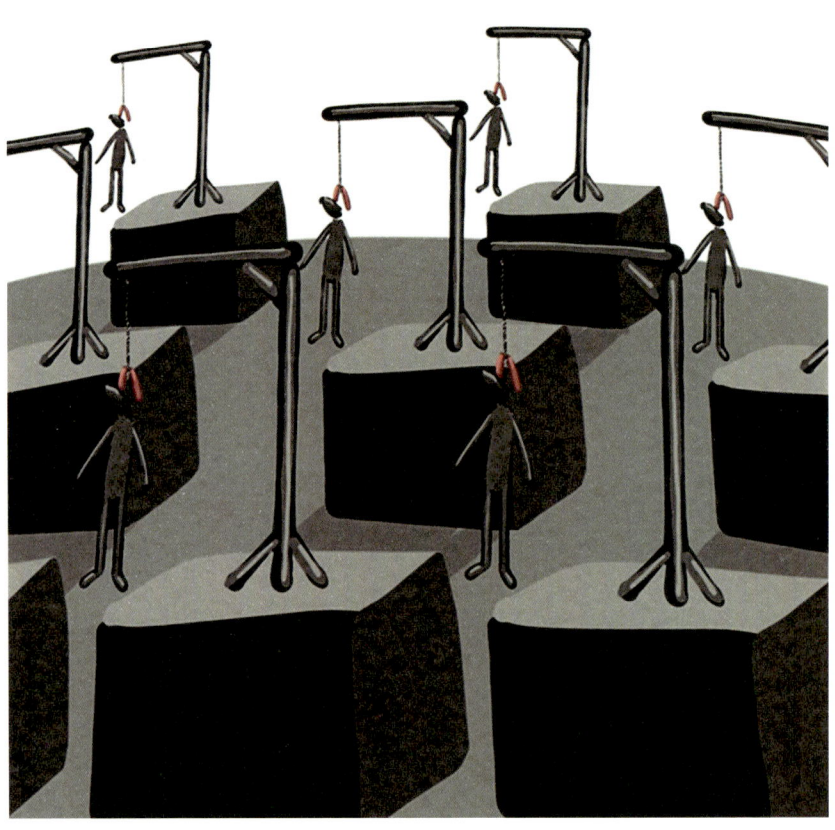

Dice la leyenda que los corrimientos de tierras, las erupciones volcánicas, y los derrumbes y cataclismos tienen lugar, cuando se desata la ira de los dioses, y especialmente la de la madre tierra, Gea, la más poderosa de las diosas del inframundo, por haber quebrado sus hijas la prohibición de entregar el fruto de sus primeros labios, el beso, esa exclusiva y prístina propiedad de las futuras hembras, sin haberle dado el ritual y el valor, que el beso merece. Ruge y brama y se manifiesta, entonces, en telúricas calamidades, la madre tierra, la más poderosa de las diosas del inframundo: ¿Quién ha robado un beso?

—De quien ha robado un beso, es la culpa.
Es este, el verdadero pecado original —sentencia.

Besos sin amor

No tengo palabras para besarte.
No tengo besos para decirte,
que cuando te hablo, te beso,
y que cuando te beso, lo siento.

Sobre el primero

El primero no fue el primero.
Los demás, no los recuerdo.
                                —Dice—

El aire contiene el mundo,
pero su última bocanada
borra todas la demás,
                                —añade—

como aquel beso, que
pasa por ser el primero.

El bar de la realidad

A Blanca Alvar

No se acabó el amor,
solo cambió de dirección.
¿Qué le voy a hacer?

Tu nombre está en mi boca, siempre,
y los sueños no están en el menú.
¿Qué le voy a hacer?

Nunca he estado en ese lugar,
en el bar de la realidad.
¿Qué le voy a hacer?

¿Nos tomamos algo allí y charlamos un rato?
Y te besaría y me dirías que no es posible
y que estoy otra vez soñando, porque
la realidad es sin amor, en este bar.
Hay buganvillas por toda la ciudad.
¿Qué le voy a hacer?[*]

---

[*]Porque, entre poetas, por obvias razones, no nos podemos prestar dinero, nos prestamos momentos, palabras, ideas... Matteo Barbato y Juan Vicente Piqueras me han prestado mucho de todo eso, y ambos han coincidido en hacerlo en este poema, que he titulado «El bar de la readidad», que toma un aire de ambos. Más en concreto, del poema «Hotel Aldilà», de Piqueras (*La habitación vacía*. Madrid. Colección Visor de Poesía.2022. pág. 48); y del poema «Su huella no conoce pasado», de Barbato (*Remotas cercanías*, Madrid. Cuadernos del Laberinto. 2022. Pág. 66).

La Siberiana

Te

mando   mío

  un   y

   beso   salvaje

    ruso   rojo

     blanco

La espada

Aquel Londres, de aquel hotel, de aquel bar,
ha sido sepultado por los escombros del mundo,
del mismo modo que el tímido deseo que
me despertó la seda que besaba tu cuerpo,
mientras mis ojos furtivos recorrían tu rostro
y tus senos y demás turgencias, ha sido
ajusticiado por el hierro de la espada del amor,
la más severa justiciera del postrado corazón.
De todo aquel Londres, de todo aquel deseo,
no queda más que el hálito de estos pensamientos.

Tánatos

El beso es el sueño de la muerte
que
cada
noche
nos
acaricia.

Nudo

A Bosco Pita

Lengua con lengua,
labio con labio,
boca con boca,
se anudan los besos,
y las vidas, en nudo gordiano, del que ni el
mismísimo Alejandro Magno podría haber
dicho, para resolverlo, que es lo mismo cortarlo
que desatarlo.
Bien lo sabe la espada del amor,
que cuando corta, lamenta no haberlo desatado;
y que cuando desata, lamenta no haberlo cortado. Cierta
leyenda dice que Curcio Rufo, en algún libro perdido,
trató el tema, con suerte dispar, según recalcan las fuentes.
Mientras tanto, campesinas e *influencers*,
aristócratas y tatuadas,
siguen anudando lenguas y labios,
encajando bocas,
de toda condición.

Lluvia

llueva para que vuelvas a

que   sujetar

quiero   el

Solo   paraguas

La
lluvia
son
gotas
de
agua
besos
antes
de
tu

C
 A
  R
   M
    Í
     N

DICEN
TANTAS
SE DICEN
TE LAS CREES
SE DICEN
DICEN
COSAS
COSAS

Las cosas que dicen

Dicen que los animales se besan.
Dicen que te amé.
Dicen que el amor no tiene más necesidad
                       de su objeto.
Dicen tantas cosas.
¿Tú crees todo lo que dicen?

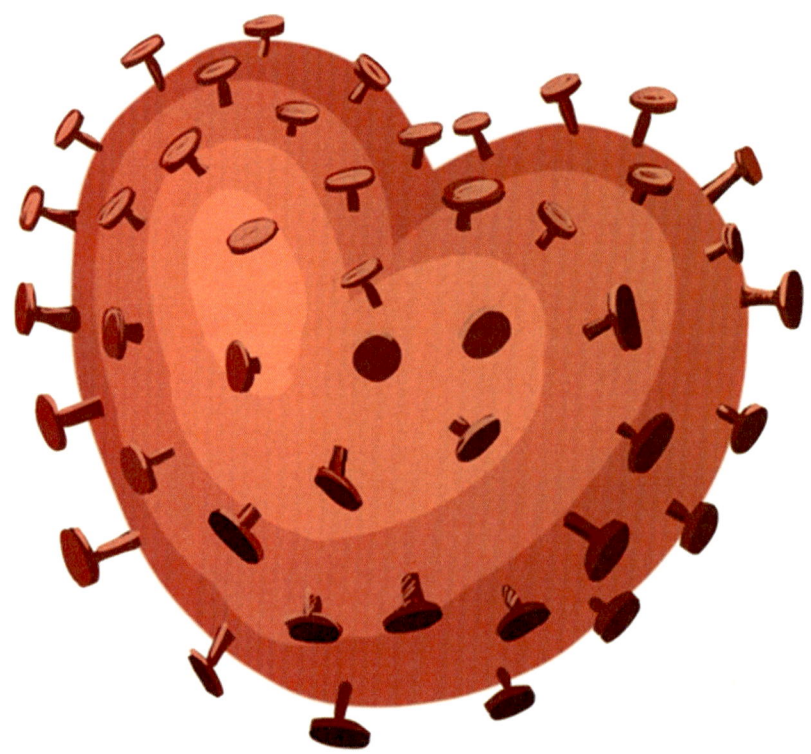

A m o r e

tú

si

que

eres

un

virus

La verdad sea dicha

Es casi imposible que el amor se manifieste,
casi tan imposible como que Dios exista,
¿pues no se dice que Dios es todo amor,
y por lo que se sabe, Dios ha muerto, o lo
hemos matado? Podemos, eso sí, rascar
un beso, quizás, de luna.

Sin embargo, el beso que nunca me diste,
es buena prueba de que el amor excede al beso,
de que es más grande que el calor de unas bocas.
Nada más. De ahí en adelante, el amor permanece
encallado, en su tímido universo, más pendiente de
la luna esquiva, que del amoroso y omnipresente Dios.

Beso postal[*]

Antes de abrir tus cartas,
antes de leer tus pensamientos,
leo en mis sueños,
lo que quiero que me digas,
y siempre veo estampados
en el papel, tus labios,
por supuesto, rojos, firmando
en tu nombre, como veo tus letras,
representando tu aire.
¡Qué delirio este, el del correo,
los sellos, y los sobres,
que imaginan sucesos postergados por ímpetus
absurdos de rutinas diarias! Todo se representa,
y no de la manera más fidedigna.
¿Es una vida escrita, la pesadilla de la muerte?
¿Es el pasado nuestro único futuro?

---

[*]Este poema está inspirado en el poema homónimo «Yóu wěn» (邮 吻) de Liú Dàbái (刘大白1880 ~ 1932).

III

La lengua, los bárbaros

A Helena y Bárbara Herrero de Egaña,
a una por la lengua, y a la otra por las hordas

Yo sé quién eres. *Bar-bar*, el beso de la lengua, que del letargo del sueño has venido a despertarme.

Nadie sobrevive al brutal y hechicero asalto de la lengua.

Dos lenguas, por decir un número, se baten como fieras serpientes. La realidad no escapa a su veneno. El vigor del celo las hace más letales. La lucha es despiadada, a labiales cuchilladas, a esputos nominales, por querer dar con el más fabuloso de los nombres.

Una vez que una de ellas muerde, o besa, la realidad, lo que era antes, ya no es ahora. Cobra vida, entonces, el brutal y bárbaro embrujo: la realidad es otra. La han nombrado. El nombre es la muerte.

En vano, disputan las lenguas cuál besa mejor la realidad, cuál acuña mejores términos. De esos besos, con uno basta, Catulo. El resto, son los otros, los bárbaros, claro.

El beso de besos

Todos los besos, el beso,
pero uno hay, de corazón,
el beso de besos.
Es tu fatiga, encontrarlo.
El resto, son demasiados.

Bocas

carmín
rojo
banquete de amor
boca de arriba

orgía del beso
esquina del corazón
templo del vellón
boca de abajo

Eses

Los besos, ecos de un destino,
suaves y melosos sones,
de sedosas sensaciones,
abruptas interrupciones,
de todas las conversaciones,
palabras de saliva, de sabor salino,
de sesudos senegales, son eses y
eses, que sinuosas, juntas, se saborean.

Como todo lo demás

Voy por la ciudad, buscándote.
Calle tras calle, la misma historia.
Veo en las esquinas tus besos,
no veo tu nombre en la ciudad.
¿Es posible una ciudad sin nombre?
¿Es posible un beso sin rostro?
No eres más que aquella fractura
del pensamiento, aquella esquina
del corazón, aquel instante del delirio:
la ciudad, la calle, los besos,
ni más ni menos que todo lo demás.

No hay tanta luz

Negro,
negro,
negro,
el beso.
¿Por qué tanto revuelo por un color?
—Claro que es obscuro.
¿No es obscuro todo beso, y todo alrededor?
—No hay tanta luz.

La mancha

Hoy la he manchado.
He escrito dos o tres versos.
«Quiero, pero no puedo, ver
su corpiño, su enagua, su vida.
La poesía no se desnuda...»

Supuestamente he rozado sus labios.
    —No, me dijo.

Seguí escribiendo.
    —No sabes dónde está el pecado,
      añadió, para echarme una mano.

La volví a manchar,
de un barro de pensamiento,
de escritura, de versos,
que algunos llaman poesía,
retóricas del polvo, del agua,
que fluye y embarra la vida,
y mancha de nuevo su nombre.
Perdón, por la porquería.
El barro te espera en cualquier parte.
La insistencia es el peor de los pecados.
¿No ves que la poesía está
siempre desnuda?

Las puertas

Tuve la esperanza de que tocarías a mi puerta,
a desembarcar tu mundo y a desnudar tu cuerpo.
No se cómo todavía no he aprendido a saber que
las puertas están cerradas, y que no les gusta que
las toquen. Están hartas de abrirse a la esperanza.

El beso de una vida

Es increíble cómo queremos llegar
a la vida, y cómo una vez en su balcón,
antes de tocar los labios de su barandilla,
ya nos vamos dando cuenta,
de que no es tan fácil llegar a ella,
pues sin saber cómo, ni por dónde,
van apareciendo barreras,
una tras otra, y la que ya parecía
que tocábamos con la yema de los dedos,
desaparece, se agranda y se multiplica.

Es todo un arte mantener la sed de llegar,
pues otra vez sin saber cómo ni por dónde
se va apagando el vuelo de las sensaciones,
y antes de que lleguemos a saciarnos, nos
volvemos a dar cuenta de que lo que va
quedando, no es, ni por asomo, lo que
andábamos buscando, y entonces, aquel
beso de la vida, que ansiábamos, estrangula
el aire, y da cuenta también del vuelo,
negándonos, incluso, haber volado.

Todo esto

Paso las páginas del libro que me regalaste,
como paso labios y caricias, por el cuerpo
que me prestaste.
Pasan los pájaros,
y pasan los días.

Todo pasa —dice, el poeta.
¡Quédate! —grita, desesperado.

Sabe, lo que saben todos, que los pájaros se pierden en la noche,
y que el libro se cierra en la última caricia nocturna. No sé qué
más decir para que todo esto no pase más que por un recuerdo.

Sexo de boca

El primer grito quiso ser palabra, pero como tantas cosas,
que quieren ser otra distinta, se quedó tan solo en grito.
La lengua, inútil en el grito entonces, acabó mojando
los labios,
y cogiéndole el gusto al anudarse con otras lenguas.
Hay quienes dicen que ese fue el primer beso, sin serlo.
Alegan que como no hay beso sin palabras,
no hubo conciencia del mismo.
Otros
sostienen que desde que se juntan gritos y lenguas
y bocas, estamos hablando de lo mismo,
así que no compran ningún romanticismo,
ninguna liturgia lingüística,
ni religión que valga, y sumariamente, dictan
que así se inventó el sexo de boca.

Lisboa X

Me enseñó a decir algunas cosas, y a hacer otras menos.
Dijo que se quería ir, y que ya nos veríamos.
Creo que dijo eso para decir que el amor no viene de vuelta.
Antes del furor, también dijo que las tetas son un constructo social.
¿Así que por qué no enseñarlas?

Me enseñaron muchas cosas, entre ellas, a despejar incógnitas,
que nunca he terminado de dominar, pues
para mi Lisboa vale X, valor, que no consigo aclarar. ¿Vamos a la
obscuridad, papá?
Uno tiene la tentación de decir, que todo se fue en la noche,
por decir de otra
manera, lo que ella había dicho, que el amor tiene el billete picado.

¿No es curioso que los ríos tampoco vuelvan?
Son, como el amor, un viaje de ida.
¡Que solo se tire quien no quiera volver!*

---

* En julio de 2022, fui a una fiesta en el Restaurante *Atíra-te ao río*. Lisboa, una mujer, la fiesta, cada una en su medida, me impactaron, y mezclaron luego, con un poema de Raquel Lanseros, «Doña Juana 2006» (*Diario de un destello*. Madrid. Colección Adonais. Ediciones Rialp, S.A. Pág. 33). De esto, nació «Lisboa X». Lo cuento porque me gusta que las cosas, la gente, los libros, me den pie, a pensar, a escribir, a contar cosas, que no podría contar, si no me dieran ese pie. Digo que no podría, simplemente, porque nunca llegaría a esas cosas yo solo.

Besos de otros mundos

A Juan Vicente Piqueras

Uno tiene siempre la impresión
de que ya no se fabrica como antes.
Uno tiene siempre la impresión
de que ya no se besa como antes.
Uno tiene ese tipo de impresiones
extrañas con todo lo de ayer.

Las cosas han perdido calidad
                    —se dice.
Los besos ya no son contemporáneos,
ni tampoco otras cosas.
                              —se concluye.

Uno tiene siempre la misma impresión:
la de que nada es lo que era.
Los besos, las cosas, todo, claro,
ya son de otros mundos,
y con franqueza, tú,
no tardarás.

IV

Apuntes parauna sociología
del primer beso

En esta conversación de labios y lenguas, que es el beso, el primero desempeña un papel crucial, por el mero hecho de serlo. El primer beso hace a la heroína más grande porque le otorga «la primera gran expectativa» o hace al villano más vil porque su beso «es como si te comieras una ostra por primera vez, te da ganas de escupirla».

Como a todo lo primero, le envuelve un cierto mito, un cierto paraíso, del que en algún momento uno se cae. «No puedo evitar pensar en el dolor que me causó. Simplemente, yo sabía que él quería besar a otra, pero me besó a mí. Al día siguiente, lloré por ser yo quien era» —confesó, Alejandra.

Pero no todo son historias tristes, claro. Hay de todo, y más en este Reino del Beso, en el que las mujeres hacen y deshacen a voluntad, aunque la apariencia sea la contraria. «Nos sentamos en un sofá, y la besé. Me pareció eterno —dice Hugo— y me dí cuenta de que ella, Matilde, me regaló el beso, porque no quería nada más. Desde ese día me hice un buscador de bocas». Matilde, le entregó un destino.

Lo cierto es que pocas cosas hay tan agradables como el suave roce de unos labios. La ciencia sostiene que además ese roce evoca lo más primigenio del ser humano, porque es la boca la que conecta primero al bebé con el mundo, con esas mamas maternas que lo alimentan y mantienen con vida. El beso es nutritivo —ha dicho Jacinto Choza.

La importancia de los labios y sus besos también se manifiesta en el hecho de que antaño se besaba un documento, o un contrato, como prueba de que se estaba de acuerdo con el mismo. Es por ello que esas tres equis (xxx), con las que hoy en día nos despedimos en un mensaje, no indican otra cosa que el lugar en el que se tenía que besar el documento, y por ello han perdurado como símbolo de los besos.

Son múltiples las pruebas de que es difícil sustraerse al embrujo, al empuje, a la fuerza, del primer golpe, en el ámbito que sea. De hecho, solo aquello que adquiere mucha relevancia, mucho peso, tiene reflejo en el ordenamiento jurídico, de modo que no en vano se señala que *prior in tempore, potior in iure,* para dejar claro que esgrime mejor derecho quien primero estuvo en posesión de la cosa.

En esta línea se expresó Patricia, cuando dijo que lo que más le llamó la atención de su primer beso a los 16 años, no fue Roma, donde tuvo lugar, ni tampoco el beso en sí, sino el primer sentimiento de posesión, que le causó el brazo que el chico le puso encima. Y luego están las ñoñerías del corazón —añadió— porque me gustó que fuese en Roma, y que Roma fuese el palíndromo de la palabra *amor,* y que el chico me gustara mucho.

En segundo lugar, no se debe de pasar por alto, que cuando se trata del primer beso, nadie tiene ningún reparo en ser absolutamente parcial, o en llevar a último término su subjetividad, exponiendo en exceso su yo, y dando como verdadera su propia opinión, aunque contradiga la realidad, y sin que se sienta por ello avergonzado, o que se está faltando a la objetividad, o a la verdad, y por eso se dice que se da ese nombre de primer beso, al que uno considera haber sido tal, aunque no lo haya sido realmente. (*Cf.* el poema *Sobre el primero*).

Sandrine llevaba años intentando besarlo, y lo soñaba salado, suave, picante. Vivía feliz imaginando que cada noche dormía con un beso diferente. El día menos pensado él la invitó a tomar un café, y al despedirse, entre los besos en las mejillas, él le plantó uno, que ella dice ahora que fue el primero, sin serlo. «Descubrí después todos los besos, y la verdad es que hay que besar mucho, porque una vez que pasas los besos, ya no vuelves atrás» —concluye.

Es por ello, quizás, que la sabiduría popular, que siempre intenta poner orden en el caos del mundo, en cuanto trata del amor, admite el desorden, porque es muy consciente de que este opera de manera imprevisible, y así lo describe diciendo que el amor es rey y reina sin ley. De modo que, en amor, uno puede hacer lo que quiera, y hasta hacer buena la sentencia evangélica de que los últimos serán los primeros.

El primer beso es capaz de todo, en el arco que va del odio al enamoramiento. No quiere esto decir que otros besos, incluido el *osculum infame**, no sean capaces de desencadenar

---

*Este *beso infame* es el beso que las brujas, en signo de sumisión, daban al diablo en su otro ojo, el ano.

historias de amor similares, sino tan solo que las originadas por un primer beso están impregnadas de un espíritu sin igual. No es que estas sean mejores, es que son simplemente las primeras, al igual que ninguno de los pecados, es igual al pecado original.

«Fue una explosión física, con enamoramiento instantáneo. Entré en una conversación nueva, una conversación de lenguas» —dijo Hans, para explicar su primer beso— del que guarda un recuerdo indeleble.

Menos poético, pero no menos ilustrativo, fue el caso de Tommaso que contó que a los catorce años, el día de Pentecostés, en una fiesta en casa de uno amigos, abordó a una rubia, y sin mucho preámbulo de parte y parte, «literalmente me tiré encima, y me fui. Fue un beso mojado —dijo. No me acuerdo ni cómo pasó. Yo creo que fue el mismísimo Espíritu Santo de ese día, el que me insufló algo de valentía».

Muchas cosas más se podrían aducir para describir la importancia del primer beso. No obstante, ninguna tan potente, como el enroque de que «el primero es el primero».

Metodología

Se ha tratado aquí de indagar en el vértigo del beso. Para ello, se han llevado a cabo 250 entrevistas, sin distinción de género, sexo, o raza. Están representados los cinco continentes, con excepción del sexto, la Antártida.

La identidad, de los protagonistas de estas historias, es secreta, como el voto, por lo que los nombres que aparecen no son los nombres reales.

La pregunta siempre fue la misma: «¿Cuál fue tu primer beso?» Dado que la pregunta es tremendamente personal, en el noventa y nueve por ciento de los casos, me encontré con que la pregunta me venía de vuelta. De manera que cuando me percaté de que esa iba a ser la tónica general, decidí que no contaría mi propia historia por dos razones. La primera, para huir del aburrimiento de repetir mi historia tantas veces. Y la segunda, porque creo que los poemas de *Besos de otros mundos*, ya dan suficientes, si no demasiadas, pistas, de cuáles fueron o no fueron mis besos.

Como se ha señalado, algunas de las personas encuestadas han querido explicar que el beso que contaba como primero, no era realmente el primero. Está de más decir que, al encuestador, este servidor, le sobraban ese género de explicaciones, y dió por primero, simplemente, el que cada persona consideró como tal.

Especial mención merecen, en este apartado, los besos entre personas del mismo sexo. La razón proviene de dos constataciones. En el cien por cien de los casos, los encuestados hablaron de dos besos, el que propinaron al sexo opuesto en primer lugar, y el segundo, el que tuvo lugar con alguien de su mismo sexo. Por regla general, prefirieron este segundo —como dijo Sergio— aunque no siempre fue el caso. Contradicciones, hay en todas partes.

Primeros besos

He de confesar que me hubiera gustado, en agradecimiento y recompensa, dar espacio a cada una de las historias del primer beso que me han contado. Desgraciadamente, eso no ha sido posible. Por otra parte, no quiero dejar de decir que las preguntas sobre el corazón inmediatamente transportan a la gente a un estado de humor, que solo sabría calificar como de muy especial, y que las vuelve generosas y empáticas hasta límites insospechados, tan insospechados que a uno le hacen pensar, si no valdría la pena trabajar, solo para lograr que la gente fuera todo el rato así. Bueno, esto es, entiéndase, literatura de la esperanza (*Literature of hope*), de la que hablaba el desaparecido, Barry Lopez.

Aquí van algunas:

• Carmen dijo que su primer beso fue un horror, como la última bocanada de un pez que se ahoga[*].

• Hugo comprimió en una frase el viaje al corazón de toda una vida: mi primer beso fue aquel que nunca me atreví a dar —dijo.

• Hay rubias olvidadizas, que insisten en que no se acuerdan de su primer beso. Han sido varias, así que, para no dar más protagonismo a una, más que a otras, las dejaremos sin

---

[*] *Cf.* El poema «Sobre el primero» con objeto de contrastar un diferente uso de la palabra *bocanada*.

el recuerdo de su nombre, aunque sea ficticio, como ellas nos han dejado sin el recuerdo de su primer beso.

• Cuenta Bárbara que el primero no lo disfrutó. Ella salía a los trece con un chico, que le gustaba a una amiga suya. Iba con él en moto a unas cuevas. Resultó que había pulgas en las cuevas. Se apartaron de ellas, y tú sabes —dijo— cuándo un hombre te va a besar, a los trece y a los cuarenta y tres.

Le pareció un choque de bocas. Pero lo que le gustó, es que él estaba nervioso, y rojo como un tomate. No repitieron. Bárbara añadió que le habían enseñado que los chicos eran seres a los que había que dar patadas. Y resumió lo que había contado, diciendo que fue un beso, no beso, con lengua, y que creía que nacemos con un amor, digamos, platónico, pero que tenemos un cuerpo que interfiere. El amor platónico es un premio, que no está al alcance de todos. Y es el destino, si es favorable, el que te regala esa unión de mentes.

• Un alma pensante, de esas que regala la filosofía, y que tanto se parece al alma poética, dijo que fue húmedo y tierno, y que temblaba, y que desde entonces todo lo húmedo, le hace temblar. Me dio la impresión de que Jacinto revivía temblores cuando decía estas cosas.

• Shaunna comentó simplemente que la lengua le sorprendió.

• Una fabulosa Camila Lucinda, dueña de su destino, contó que su beso fue muy tardío y que tenía complejo por ello. De modo que agarró a uno por banda, que ella decía que le tiraba los tejos, y lo besó, tarareando la canción:

«¿Quién no escribió un poema huyendo de la soledad?
¿Quién a los quince años no dejó su cuerpo abrazar?...»
De ese modo, cumplió su objetivo.

• Un personaje inclasificable, Kostia, simplemente dijo
que había tenido muchos primeros besos, y todos de ver-
dad. Por eso, un día pensó que la verdad son muchas.

Por último, dejar constancia de una categoría que, por
faltarle mejor nombre, he llamado la de «Los besos de mi
país». Englobaría, laxamente, a quienes piensan que los
besos que se dan en su país no tienen nada que ver con los
besos del resto del mundo. Lo cierto es que dicen eso de los
besos, pero lo podrían decir igualmente de todo. Total, aña-
dir una coletilla, no cuesta nada.

• Yáng Wén (杨纹) dijo que hay besos con característi-
cas chinas.

• Monserrat comentó que los besos no eran suficiente-
mente catalanes.

• A Patxi no le llama la atención ningún beso. Se anima
más, y dice que se acuerda de todos los besos en general, y
de ninguno en particular, porque todo está sobrevalorado,
besos incluidos. Es un mito lo del primer beso —concluye.
(Cf. Los poemas «Sexo de boca» y «Lección de economía»,
para otro punto de vista sobre la materia).

• Andoni afirmó categóricamente que cualquier vasco
que diga que se acuerda del primer beso, miente, porque
cuando lo dió, seguro que estaba borracho, y ella más.
Ahonda en la explicación, diciendo que, en el País Vasco

nadie antes se atrevía a besar, y flota en el ambiente la pregunta de si esta falta de atrevimiento en el besar, era reflejo de otras faltas de atrevimiento.

Historia de un beso

Esta es la historia de un beso, esta es la historia de un amor. Es una historia de la calle, que es donde están las historias, los besos, los amores.

No hay nada en *zoom* —dice ella.

Es una historia, como todas las historias, una memoria tímida, amostazada, sellada por el olvido, de la que cualquier parecido con la realidad, es pura ficción.

La luz era de neón, la conversación fluida, como el güisqui. No importan más detalles, porque todas las historias son iguales. Terminan.

Se conocían hacía mucho tiempo, y siempre habían hablado, como se habla la primera vez, con entusiasmo. Con los años, seguían manteniendo intacto el interés en encontrarse. Cuando coincidían, bebían, charlaban, imaginaban. Se hacían inseparables, de la manera más amistosa posible, hasta que las circunstancias, o las obligaciones, los separaba.

Todavía no habían descubierto que irían más allá. Así que hablaban y hablaban. Se ha explicado bien cómo se alinean los astros, pero no se ha explicado aún cómo se alinean los corazones, y cómo en cierto momento también se desalinean con la misma facilidad, con la que casca el cristal.

Hay quien dice que lo que ocurre es que no se puede hablar con la razón, de cosas que atañen a los sentimientos, a los corazones. Hay quien responde que solo se puede hablar con la razón, pues es ella, la única capaz de explicar las cosas. El caso es que, con estos vaivenes, nadie se aclara.

—Nunca te había visto así.

—¿Cómo?

—Como ahora.

La estaba mirando, entre el humo del tabaco, como tantas veces. La conversación lleva a más conversación, el güisqui a más güisqui, y el humo a otros humos. Hay quien dice que es el alcohol, el que desata las pasiones. Hay quien responde que es cierto, pero que cuando se trata de algo más que de los cuerpos, la ingesta de bebidas espirituosas no termina de explicar la profundidad del alineamiento.

Y así, hablaron durante años, hasta ese día de la luz de neón, en que se vieron con otro humo. Parece que este detalle, sí importa, eriza.

Se besaron un beso, que les pareció, como el primero, y siguieron hablando, conversando, como habían hecho siempre, pero habiendo descubierto que se habían querido desde el primer día, e imaginando que no podrían quererse nunca, como se quieren los que se quieren así.

Todas las historias se parecen a la realidad, son pura ficción. Terminan. Son iguales.

Viena, 2 de marzo, 2023.

tu

beso

desnudo

AGRADECIMIENTOS

Nunca se agradece suficientemente, como tampoco nunca se vive lo bastante. Y si no, que se lo pregunten a Norman Kurtis, que casi se ha ido, mientras escribo estas líneas de agradecimiento a los besos estrangulados, y a los besos queridos, y a los no dados, a los consentidos, y a los robados, y también a todas las personas, que me han prestado sus besos.

Ya echo de menos algunos besos, como echo de menos algunos cigarrillos con Norman. Tampoco nunca se fuma lo bastante. Y para seguir la conversación, que es de lo que se trata, te digo Norman que, de nuestras carencias, y otras cosas, escribió con mucho tino nuestro común colega, Sergio Rodríguez, en su libro en *Ausencia del tajinaste rojo en una ciudad de Castilla*. También te faltó tiempo para leerlo.

Te comento asimismo que, en nada, el próximo marzo, Santiago Iñiguez publicará *Pensadoras y visionarias*, sobre mujeres que lo han dado todo por sus proyectos empresariales, y que Diego del Alcázar Benjumea, ya está trabajando en otra novela, tras el feliz debut de su *La genética del tiempo*, con la que quería indagar en la fuente de ese que te faltó a ti, y que nos faltará a todos. «De nuevo, vamos al encuentro de los atardeceres, a sobrepasar la línea oscura del sol que se esconde, mientras los himnos se cobijan y las hierbas se arropan». —dejó bien escrito Diego padre en el libro del Premio de Humanidades de 2023.

Los amigos ayudan a pasar el tiempo, a pasar la vida, y también a ser quienes somos. Así que todo mi reconocimiento a Miguel Panadero, que siempre mejora mis libros con sus ilustraciones, y por tantas otras cosas y mejoras, no tan visibles estas, a Amalia Gómez, Ángel Moreu, Eva Martínez, Guillermo de Haro, Helena de Bertodano, Javier Martel, Juan Novo, Laura López-Paniagua, Luis Gordon, Pablo Bilbao, Juan Gordon, Ramón Zamorano, Sergio Pozo, Silvia Hengstenberg, y Tommaso Marrocchesi.

Para todo, incluidos los lances del amor, es un placer contar con el sabio consejo de Antón Alvar, sin el que este libro no contaría con el estupendo prólogo de Luis Alberto de Cuenca, ni tampoco mi libro anterior *Grito de amor (Hacia una teoría general de las cavidades)* con el suyo, no menos estupendo.

Por último, decir que «gracias, perdón, y te quiero, son tres cosas que nunca deberíamos dejar de decirles a las personas que queremos. Sin embargo, no siempre nos atrevemos o nos da vergüenza decirlas». Así lo dijo mi cuñado, Ignacio, cuando hace un par de semanas su madre acabó su tiempo, y así lo repito yo a todos vosotros, y a mis queridos padres, Margarita y Alfredo, mis hermanos, Margara y Francisco, y a mi cuñada, Micky. Y por supuesto, a mis dos perdigones, Sofía y Gabriela.

Madrid, 25 de enero de 2024

Acabose de imprimir esta
primera edición de
BESOS DE OTROS MUNDOS,
de JOSÉ FÉLIX VALDIVIESO,
el día 4 de marzo de 2024,
aniversario del nacimiento
de Enrique Larreta

A toda hora, el perfume de la mujer le embriagaba. Estaba en el ambiente, en su boca, en sus manos, en sus vestidos. Era el dejo axilar, mezclado a un perfume de jazmín y de algalia. Sus besos húmedos, anchos, tenaces, se le quedaban en los labios

LAUS DEO